NOTES HISTORIQUES

SUR

LES ÉGLISES RÉFORMÉES

DE L'ANGOUMOIS

Extrait du *Bulletin de la Société archéologique et historique de la Charente*, année 1880

Communication de M. PHILIPPE DELAMAIN

ANGOULÊME
IMPRIMERIE G. CHASSEIGNAC ET Cie
REMPART DESAIX, 26

M DCCC LXXXI

NOTES HISTORIQUES

SUR

LES ÉGLISES RÉFORMÉES

DE L'ANGOUMOIS

Extrait du *Bulletin de la Société archéologique et historique de la Charente*, année 1880

Communication de M. Philippe DELAMAIN

ANGOULÊME

IMPRIMERIE G. CHASSEIGNAC ET CIE

REMPART DESAIX, 26

M DCCC LXXXI

NOTES HISTORIQUES

SUR

LES ÉGLISES RÉFORMÉES

DE L'ANGOUMOIS

Vers la fin de l'année 1817, le préfet de la Charente, M. de Villeneuve, pria M. Gabriel Garreau, maire de Jarnac, de lui fournir quelques renseignements historiques et statistiques sur les églises réformées de l'Angoumois. A cette demande, renouvelée un mois après, M. Garreau répondit, le 30 janvier 1818, par l'envoi d'une notice trouvée dans les papiers de son beau-père, M. Jacques Delamain, et à laquelle il joignit un tableau statistique. Ce sont ces deux documents que nous publions d'après une copie conservée dans la famille.

Ce fut en l'année 1534 que Calvin, âgé de vingt-cinq ans, étant sorti de Paris pour échapper aux poursuites que l'on commençait à exercer contre lui, se retira à Angoulême sous le nom de Heppeville, s'y fit appeler Deparçan, y professa la langue grecque et y acheva son livre de l'*Institution,* dédié à François Ier.

Plusieurs ecclésiastiques de la ville et des environs adoptèrent sa doctrine, entre autres Louis Dutillet, chanoine d'Angoulême et curé de Claix. Les troupeaux suivaient l'exemple de leurs pasteurs, et c'est ainsi que s'établirent plusieurs églises réformées en Angoumois.

Néanmoins, cette province n'envoya pas de députés au premier synode national, qui se tint à Paris en mai 1559, sous le règne de Henri II.

Au quatrième synode national, tenu à Lyon le 10 août 1563, sous le règne de Charles IX, il est fait mention d'un pasteur de Châteauneuf, le sieur Bordier, et de Ferriol, celui-ci ministre de l'église de Montignac.

Le sixième synode national se tint à Verteuil en Angoumois, en septembre 1567, sous le règne de Charles IX. L'article 14 du chapitre des affaires générales est digne de remarque. En effet, il porte :

« Ceux qui falsifieront, déguiseront ou corrompront
« leurs marchandises suivant la mauvaise coutume du
« pays, comme font en Poitou les tireurs de drap, se-
« ront avertis par leurs consistoires respectifs à n'user
« plus de telles fraudes mauvaises et tromperies, etc. »

On adopta la décision de M. Jean Calvin, pasteur et professeur à Genève, sur quinze questions importantes ou cas de conscience qui lui avaient été proposés.

L'article 6 des faits particuliers signale le nommé Chevalier, vicaire de Chassors, près Jarnac, comme un mercenaire et un abuseur.

Le prince de Condé avait son quartier général à Jarnac lors de la célèbre bataille où il fut tué, le 14 du mois de mars 1569, et son corps y fut rapporté par le capitaine Dacier, qui rompit le pont de Jarnac en se retirant sur Cognac avec l'infanterie qu'il commandait ; la bataille de Jarnac ayant été un combat d'artillerie et de cavalerie, l'infanterie du capitaine Dacier n'avait presque pas souffert.

Le septième synode national, tenu à La Rochelle du 2 au 9 avril 1571, fut honoré, Charles IX régnant, par la présence de noble dame Jeanne d'Albret, reine de

Navarre; de Henri, son fils, prince de Navarre; de Henri de Bourbon, prince de Condé, fils de celui de ce nom qui avait été tué à Jarnac en 1569; de Louis, comte de Nassau; de Gaspard de Coligny, haut et puissant seigneur, le rempart de la religion réformée, grand amiral de France, et de plusieurs autres hauts et puissants seigneurs, amis dévoués de la religion. — Le prince Henri de Condé y fut privé de la cène, parce que l'on avait fait une prise en mer, par ses ordres, après la publication du dernier édit de pacification, qui avait été bien et dûment approuvé par ledit prince.

Le neuvième synode national fut tenu à Sainte-Foy en 1578, sous Henri III. Le synode, ayant entendu la justification dudit prince Henri de Condé, il fut admis à la communion.

Au onzième synode national, tenu à La Rochelle pour la deuxième fois, en l'an 1581, au mois d'avril, sous Henri III, le député de toutes les églises d'Angoumois fut le sieur Lacroix, pasteur de Jarnac.

Au douzième, tenu à Vitré en Bretagne, sous Henri III, en 1583, le député de l'Angoumois était M. Dupont, ministre de Verteuil. On y porta plainte de la province d'Angoumois contre l'église d'Angoulême, qui avait refusé l'entretien à son propre pasteur. Plusieurs gentilshommes d'Angoumois se plaignirent aussi que les ministres de la religion refusaient de venir prêcher chez eux, dans leurs châteaux, pendant la semaine et d'y baptiser leurs enfants. On prit des mesures pour faire restituer l'entretien au ministre d'Angoulême et pour faire cesser les plaintes de ces gentilshommes.

Au treizième synode national, tenu à Montauban, en 1594, sous le règne de Henri IV, les églises de Xaintonge, Aunis et Angoumois s'entendirent pour faire une seule province ecclésiastique et envoyèrent pour députés un ministre et un ancien ; les articles 2 et 3 des appellations font mention pour la première fois des églises de Cognac et de Saint-Même, et, sur un appel d'une décision du synode provincial concernant M. de Bergemont, pasteur, ce ministre fut assigné à l'église de Segonzac.

Au quatorzième, tenu à Saumur, en 1596, sous S. M. Henri IV, le député de la province ecclésiastique de Xaintonge, Aunis et Angoumois fut M. Pacard, ministre de La Rochefoucauld. Il y fut question de l'église de Barbezieux et de son ministre, appelé Damours, que Madame demanda pour le service de sa maison royale.

Au seizième, tenu à Gap en Dauphiné, en août 1603, sous Henri IV, on dressa complétement et minutieusement le nombre des églises desservies de pasteurs et pourvues de ministres, au nombre desquelles étaient, pour le colloque d'Angoumois : Saint-Claud, pasteur Pacard père ; La Rochefoucauld, pasteur T. Hog ; Larochebeaucourt, pasteur Potard ; Jarnac, pasteur Pacard fils ; Cognac, pasteur Bargemont ; Verteuil, pasteur Colladon ; Barbezieux, pasteur Petit ; Chalais, pasteur Belot.

Les députés de la province ecclésiastique étaient Pacard fils, pasteur de Jarnac, et Bernard Javrezac, ancien de l'église de Cognac.

Au vingtième, tenu à Privas, en 1612, sous le règne de Louis XIII, le député fut Élie Glatinon, avocat à Angoulême ; on y prêta serment de fidélité à S. M. le Roy.

Au vingt-deuxième, tenu pour la deuxième fois à Vitré, en l'an 1617, sous S. M. Louis XIII, l'église de La Rochefoucauld, ayant appelé près du synode général de la sentence du synode provincial, qui avait ordonné de transférer son collège à Pons, en Xaintonge, on fit droit à sa demande, et le collège fut maintenu à La Rochefoucauld.

Au vingt-troisième synode général, tenu à Alais, en 1620, sous S. M. Louis XIII, on dressa le catalogue des églises et des ministres.

Le colloque d'Angoumois était alors composé comme suit :

Jarnac, pasteur Welsch, député; Verteuil et Ruffec, pasteur Gommarc; Aubeterre et S. Aulaie, pasteur Guiraud; Saint-Même, pasteur Beaujeu; Angoulême et Montignac, pasteur Hiver; Segonzac et Lignères, pasteur de Boïenval; Cognac, pasteur Perreau; La Rochefoucauld, pasteur Hog; Bourg-Charente, pasteur Pacard l'aîné; Chalais et La Roche, pasteur Belot; Barbezieux, pasteur Rossel; ces deux dernières églises étaient de la Xaintonge.

Le vingt-quatrième synode national se tint à Charenton, en 1623, sous S. M. Louis XIII, qui y envoya un commissaire choisi parmi les seigneurs protestants. L'un des quatre députés de l'ouest de la France fut M. Théodore du Lignon, juge à La Rochefoucauld. Il y est fait mention des nouvelles églises réformées de Saint-Claud, de Champagne-Mouton et de Courcelles.

Le vingt-cinquième fut tenu à Castres, en 1626, sous Louis XIII. A celui-ci, l'un des députés était M. Giraud, pasteur de Barbezieux ; il y fut question, pour des affaires en litige, des églises de Chalais et de La Roche. Ces affaires furent réglées au mieux. Le colloque d'Angoumois se composait comme suit :

La Rochefoucauld et Lindois, pasteur Hog ; Angoulême, pasteur Hiver ; Cognac, pasteur Gautier ; Villefagnan, pasteur Tixeuil ; Verteuil et Ruffec, pasteur Gommarc ; La Rochebeaucourt et Salles, pasteur de Clave ; Segonzac et Lignères, pasteur de Boïenval ; Jarnac et Saint-Même, pasteur Patrus ; Saint-Claud,

Champagne-Mouton et Courcelles, pasteur Ferrand; Barbezieux, pasteur de la Garie; Chalais et La Roche, pasteur Belot. Ces deux dernières de la province de Xaintonge.

Le vingt-sixième se tint à Charenton pour la deuxième fois, en l'an 1631, sous S. M. Louis XIII, qui continua à y envoyer un commissaire royal. Le commissaire ecclésiastique fut le pasteur de Jarnac Patru; le commissaire laïque fut, pour cette province ecclésiastique, Daniel Pasquet, écuyer, seigneur de Lâge-Bâton et autres lieux, noble homme, ancien de l'église réformée de la ville d'Angoulême.

Dans le vingt-septième, tenu à Alençon, en l'an de grâce 1637, sous S. M. Louis XIII, on dressa pour la dernière fois le catalogue définitif des églises réformées du royaume de France et on compta : 806 églises constituées et fréquentées avec assiduité, lesquelles 806 églises étaient desservies par 647 pasteurs. D'après ce catalogue, le colloque d'Angoumois était composé comme suit : Saint-Claud et Champagne-Mouton, Ferrand; La Rochefoucauld et Lindois, Clave; Jarnac et Saint-Même, Patru ; Angoulême et Montignac, Hiver; Cognac, de la Garie; Villefagnan, Tixeuil; Verteuil, Ruffec et Châteaurenard, Gommarc; Bourg-Charente, Constans; Segonzac et Lignères, Carrier; Larochebeaucourt, Marchant; Salles, Pacard (Jean); Barbezieux, Cazeaux; Chalais et La Roche, Belot; Saint-Aulaie, sans pasteur pour le moment; ces derniers étaient du colloque de Xaintonge.

Il est fait mention, au chapitre XIV, de M. Daniel Loquet, ancien et lecteur de l'église de Barbezieux.

Le chapitre XXVII contient des plaintes qui furent adressées à S. M. le roi sur les persécutions dont quelques églises commençaient à souffrir et sur la destruction violente de quelques autres, telles que celles de Verteuil et de Lhoumeau en Angoumois. Le commissaire royal promit de faire droit à ces justes requêtes.

Le vingt-huitième synode national se tint pour la troisième fois à Charenton, en décembre 1644 et janvier 1645, sous le règne de S. M. Louis XIV et sous la régence de son auguste mère Anne d'Autriche, et en vertu d'un mandement royal. Le commissaire royal fut M. de Boisgrollier, dont la harangue fut des plus remarquables. Le synode envoya une députation à S. M. le jeune Roi et adressa une lettre collective à S. M. la Reine régente. L'un et l'autre honorèrent l'assemblée d'une réponse gracieuse et satisfaisante. Le chapitre XI des appellations, article 33, maintient la réunion des églises de Champagne-Mouton et de Saint-Claud, et fait mention des bienfaits que le très honorable seigneur comte de Roussi accorde à ces deux églises et confirme le sieur Ferrand comme leur pasteur.

Le vingt-neuvième synode général et national se tint à Loudun en 1659, depuis le 10 de novembre de cette même année jusqu'au 10 de janvier de l'an 1660, sous S. M. Louis XIV, après un intervalle de vingt-six années et en vertu d'un mandement de S. M. le Roi, daté de Bordeaux du 16 de septembre précédent.

La province ecclésiastique de Xaintonge, Aunis et Angoumois y avait quatre députés, desquels étaient les sieurs Gommarc, pasteur de Verteuil, dont l'église, selon la promesse royale, avait été réédifiée, et le sieur François de Lacous, écuyer, noble homme, seigneur de Courcelles et autres lieux, ancien de l'église réformée de Cognac. Le commissaire de Sa Majesté était M. de Magdelaine, conseiller au Parlement de Paris. Le député général des églises protestantes de toute la France fut M. de Ruvigny ; on y entendit la harangue du commissaire royal et la réponse du modérateur. Le synode adressa une lettre à S. M. le Roi, une autre à S. M. la Reine, et une troisième à S. E. le cardinal de Mazarin. On y fit la lecture de la réponse obligeante de Sa Majesté, ainsi que celle de la lettre de S. E. le cardinal de Mazarin, qui disait : « Le Roi est « bien persuadé par effet de la fidélité inviolable, du « patriotisme infini et du zèle des réformés pour le ser- « vice de Sa Majesté. Et pour moi, j'ai une grande « estime pour eux, comme ils le méritent, étant si « bons et si loyaux sujets de leur monarque. » Le synode se plaignit au commissaire de S. M. le Roi de l'état déplorable auquel étaient réduites plusieurs églises et de la persécution que plusieurs éprouvaient déjà. Il y eut une commission nommée et présidée par le député général des églises réformées de France, M. de Ruvigny, pour présenter à S. M. le Roi le cahier des plaintes et doléances, avec une lettre au cardinal de Mazarin.

Le chapitre IX, article 15, des appellations fait mention de l'église de Jarnac et de son pasteur, le sieur Hamilton.

Ce fut là le dernier synode général et national autorisé par le Roi. L'anéantissement de la religion protestante de France ayant été dès lors résolu et décidé par Sa Majesté dans ses conseils, on démolit les temples, on persécuta les pasteurs, on dissipa les assemblées religieuses, on enleva les enfants, et enfin on révoqua le célèbre édit de Nantes, octroyé par S. M. Henri IV.

L'église réformée de Jarnac, la plus importante, sinon numériquement, du moins comme autorité et comme composition, de toute la province, possédait un cimetière peu éloigné de la paroisse et quelques journaux de prés situés dans la prairie de Bourg-Charente et qui portent encore (1795) le nom de *prés du Consis-*

toire. Le temple fut détruit ; il devint une grange du prieuré ; il a été vendu pendant la révolution de 1789 et sert actuellement de magasin à eaux-de-vie. Le cimetière fut accordé aux catholiques, parce que le leur, qui environnait l'église paroissiale, devint un jardin pour le prieuré. Les prés furent donnés purement et simplement au petit séminaire de Saintes, et ensuite aliénés au profit dudit séminaire. En 1793, le consistoire, alors reconstitué, de Jarnac fit des démarches par l'entremise de M. Jacques Delamain, ancien de l'Église et membre du Directoire de la Charente, auprès des directeurs, ses collègues, pour tâcher de faire rentrer l'église en possession de ces prés ; mais le Comité des domaines nationaux, vu les décrets sur les biens des émigrés, maintint naturellement le principe des aliénations faites par l'État, et on ne put même pas obtenir un équivalent.

Il est une importante remarque à faire sur l'esprit naturellement bienveillant et paisible des habitants de l'Angoumois et de la Saintonge : c'est que, pendant le plus grand feu des persécutions religieuses, au moment même des massacres et des Dragonnades, les protestants de cette province ecclésiastique, comprenant tout l'ouest de notre pays de France, ont souffert patiemment, sans exciter ni troubles ni révoltes. Il est juste d'ajouter aussi que la répression fut relativement modérée, et que, s'il y eut un nombre énorme d'abjurations forcées, on n'y conserve le souvenir d'aucune exécution sanglante ni à l'égard des pasteurs, ni sur les chefs de famille, comme cela est malheureusement arrivé dans les provinces limitrophes.

Les troupeaux des fidèles ayant été dispersés, les pasteurs en partie détruits, les temples partout renversés, l'Église protestante de France, non anéantie, grâce à son inébranlable foi dans son bon droit et dans son avenir, mais réduite aux abois, résolut virilement, et malgré les risques et périls, de tenir au désert, dans le Bas-Languedoc, en 1744, après une épouvantable tempête de quatre-vingt-cinq ans, un synode national pour rassembler quelques débris épars, conserver la saine doctrine de l'Évangile, rectifier la discipline ecclésiastique des pasteurs assez énergiques pour exercer encore leur saint ministère, réchauffer le zèle des fidèles et remonter tous les courages.

Il y assista un petit nombre de députés assez hardis pour risquer leur vie et assez zélés pour affronter tous ces dangers. — Celui qui représenta la province ecclésiastique (Angoumois, Aunis, Saintonge, Poitou et Périgord) fut M. Loire, pasteur, accompagné de deux anciens de cette dernière province.

A l'ouverture de cette assemblée on jura, malgré les persécutions de près d'un siècle, une fidélité inviolable à S. M. le roi Louis XV. Ce fut M. Rabaud le père qui fut élu modérateur. On y apprit, pendant le cours des séances, la cruelle maladie qui menaçait alors les jours du roi Louis XV, et on fit des prières solennelles pour sa conservation.

Il se tint encore quatre synodes nationaux au désert, dans les années 1748, 1756, 1758, et enfin le dernier en 1763, dans lesquels on renouvela chaque fois le serment d'inaltérable fidélité au monarque. On lui adressa une requête ou supplication pour le soulagement ou la cessation des maux infinis qui affligeaient l'Église protestante. L'un des nombreux actes qui concernent l'Angoumois porte la réunion à la Saintonge de l'église de Bordeaux et son incorporation dans la province ecclésiastique de l'Église réformée.

Les assemblées religieuses se tenaient en plein air, dans les bois, où se faisaient des lectures pieuses, des prières adaptées aux pénibles circonstances ; on y entendait le chant des psaumes de la versification de Marrot. On y recevait quelquefois la visite tant désirée des pasteurs assez zélés et courageux pour venir, au péril de leur vie et malgré mille dangers, baptiser les enfants, consoler les affligés, prêcher le saint Évangile et administrer la cène.

Pendant de longues et dures années de persécution, les fidèles protestants de Jarnac, Segonzac, Mainxe, Bourg-Charente et les environs se rassemblèrent dans la commune de Mainxe, au lieu appelé la Combe-des-Loges ; ensuite, plus tard, ceux de Jarnac se réunirent au village de Julienne, distant de leur ville de demi-lieue, jusqu'en 1760, où, profitant de la tolérance tacite de Sa Majesté, ils firent l'acquisition d'un local situé dans les faubourgs de leur ville.

Ceux de Cognac, Segonzac, Linières se procurèrent des maisons d'oraisons ; mais les églises réformées d'Angoulême, de La Rochefoucauld, de Verteuil et les autres de la province d'Angoumois ne purent se relever, et le nombre des protestants y diminua considérablement et graduellement s'y anéantit tout à fait.

Dès l'année 1755, les églises du Bas-Angoumois tinrent des registres particuliers de baptêmes et de mariages. Elles eurent enfin des pasteurs fixes et organisèrent des consistoires et des colloques pour leur bonne administration intérieure.

Lorsque l'édit royal de 1787 eut établi la forme légale pour donner aux protestants la possession d'état pour toute la France, M. Lambert des Andreaux, lieutenant particulier au présidial d'Angoulême, se rendit à Jarnac avec son greffier, et là, assisté du pasteur de l'église réformée de Jarnac, il reçut déclaration de tous les mariages et de toutes les naissances des familles protestantes du Bas-Angoumois, Cognac excepté. Il leur fit, en outre, remettre des expéditions en règle ;

il en déposa la minute au greffe d'Angoulême et fit abandon aux pauvres de la portion des honoraires lui revenant de ce chef; conduite en tous points digne d'éloges.

A l'époque des premières lois de l'Assemblée constituante, concernant les règlements définitifs sur l'état civil, tous les consistoires de France firent remise en règle de leurs registres à leurs municipalités respectives. Jarnac se conforma à cette formalité.

La province ecclésiastique de Saintonge, Angoumois, Aunis, Poitou, Périgord et Guyenne a tenu vingt-six assemblées ecclésiastiques, sous le nom de synodes provinciaux, depuis l'an 1759 jusqu'en l'an 1791, pour y traiter de la discipline et de l'administration intérieure des églises réformées de sa juridiction. Celui qui fut tenu à Jarnac en 1787, à la maison de campagne de *Nanclas,* de M. Jacques Delamain, est le plus important et le plus remarquable, soit par la dignité de sa tenue, soit par le nombre des pasteurs et des anciens que toutes les provinces de la juridiction y députèrent, soit par l'importance des matières qui y furent discutées et traitées, soit enfin par la manière noble, généreuse et affable dont le propriétaire de *Nanclas* accueillit tous ceux qui le composèrent.

Le synode provincial suivant se tint à Bordeaux en 1789, à l'époque précise de l'ouverture des États-Généraux de 1789. Les sentiments de loyauté des protestants de nos contrées ne se démentirent point, et l'attachement des réformés à leur pays et à la maison de Bourbon, qui animait en général les protestants de la France entière, se manifesta dans tous les actes des délégués de toutes les églises du ressort.

Le vingt-sixième et dernier synode provincial se tint à Gemozac en Saintonge, en 1791, au mois d'août.

Le suivant fut indiqué pour se tenir à Segonzac, sans

date précise indiquée ; mais, par la force des circonstances, il n'a jamais eu lieu.

Annexé au document et plus moderne.

Pendant la tourmente révolutionnaire, quelques églises de l'Angoumois s'éteignirent; plusieurs pasteurs, par force majeure, durent quitter ou suspendre leurs fonctions ; il n'y eut plus aucune assemblée synodale, et ce n'est que depuis le décret du 25 thermidor an XI que les églises consistoriales ont pu prendre leur forme actuelle.

L'existence politique de la religion réformée est fondée aujourd'hui sur la charte constitutionnelle octroyée aux Français par le roi Louis XVIII.

D'après les derniers recensements, l'église consistoriale de Jarnac est composée d'environ 3,400 membres.

Jarnac, le 25 janvier 1818.

Le Maire de Jarnac,

Signé : Gabriel GARREAU.

ÉTAT NUMÉRIQUE

DES PROTESTANTS QUI HABITENT LE DÉPARTEMENT DE LA CHARENTE

(Janvier 1818)

NOMS DES COMMUNES.	NOMBRE des INDIVIDUS.	NOMS DES COMMUNES.	NOMBRE des INDIVIDUS.
Barbezieux...........	45	*Report*....	683
Chalais...............	15	Jarnac................	466
Angeac-Charente.......	4	Julienne..............	54
Bonneuil..............	171	Les Métairies.........	50
Bouteville............	13	Nercillac.............	8
Graves................	8	Triac.................	19
Malaville.............	30	Ambleville............	13
Saint-Preuil..........	88	Bourg-Charente........	160
Cognac................	105	Criteuil..............	25
Louzac................	90	Gondeville et Linières..	107
Chassors..............	36	Mainxe................	422
Cigogne...............	2	Segonzac..............	1008
Foussignac............	76	Saint-Même et Sonneville	100
A reporter....	683	Aigre et Villefagnan....	145
		TOTAL GÉNÉRAL...	3260

NOTA. — Plusieurs petits bourgs ayant été négligés dans cet état numérique, on peut présumer que le nombre de protestants indiqué par la note du préfet de la Charente et estimé 3,400 est exact.

www.ingramcontent.com/pod-product-compliance
Ingram Content Group UK Ltd.
Pitfield, Milton Keynes, MK11 3LW, UK
UKHW022156260726
13993UKWH00005B/2412

9 782019 986575